Octavio Almanza Rodríguez

# Consejos y Reflexiones para una mejor vida

Octavio Almanza Rodríguez

# Consejos y Reflexiones para una mejor vida

## Reflexiones

JustFiction Edition

**Imprint**



Cover image: www.ingimage.com

Publisher:
JustFiction! Edition
is a trademark of
Dodo Books Indian Ocean Ltd., member of the OmniScriptum S.R.L Publishing group
str. A.Russo 15, of. 61, Chisinau-2068, Republic of Moldova Europe
Printed at: see last page
**ISBN: 978-620-3-57504-0**

# Consejos y Reflexiones para una mejor Vida

TOMO I

**OCTAVIO ALMANZA RODRÍGUEZ**

*Intérprete, cantautor y escritor nacido en Valledupar, desde muy niño sintió inclinación por la música vallenata. Inicio su carrera musical a muy temprana edad interpretando la guacharaca y logrando acompañar a grandes intérpretes de la música vallenata como Estela Duran Escalona, Colacho Mendoza, Ivo Luis Diaz, Hernando Marin, Emiliano Zuleta, entre otros.*

*Cabe resaltar que no solo se limitó a interpretar la guacharaca si no que comenzó a nacerle la inspiración para componer exitosas canciones. Las cuales fueron interpretadas por grandes artistas de la talla del Joe Arrollo, Rafael Santos Díaz, Los Chiches del Vallenato y Martin Elias Diaz.*

*Marcando la diferencia en la región comenzó a componer y cantar el género norteño destacándose con obras como el contrabandista, la emboscada, entre otras. En su faceta como cantautor de música norteña fue catalogado por Javier Fernández Maestre, reconocido locutor de la región, como "el mono Almanza rey norteño".*

*Entre interpretaciones, melodias y poesias escritas comenzó a nacerle la idea de plasmar con su puño y letra sus ideas como un gran escritor.*

# Consejos y Reflexiones para una mejor forma de Vida

# Palabras del Autor

Gracias Dios mío por darme la sabiduría paciencia y disciplina para lograr escribir estos mensajes de prevención, amor, honestidad y franqueza para llevar una mejor vida.

Señor soy consciente que el único ser perfecto eres tu Padre Celestial, pero también estoy convencido que en ti todo es posible para con nosotros, como hijos tuyos que somos.

Nacemos inocentes con un espíritu iluminado bendecido por Dios, predestinados para ser personas nobles, sinceras y buenas.

Ningún ser humano existente sobre la faz de la tierra está falto de conocimiento, es nuestra forma de pensar que desvía nuestra mentalidad hacia las dos fuerzas existentes en el mundo, que son: La fuerza del bien y la fuerza del mal.

La fuerza del bien es la luz que ilumina la esperanza de la buena fe, quien actúa de buena fe siempre le irá bien. Tenlo presente.

*Octavio Alranza Rodríguez*

# Introducción

Consejos y reflexiones para una mejor vida, es una obra literaria visionada y escrita por el cantautor y escritor Octavio Almanza Rodríguez (El mono Almanza) la cual te invita a pensar sobre la forma de actuar en cada aspecto de la vida, en las relaciones con nosotros mismos y hacia los demás.

Esta obra ejemplar invita a un aprendizaje interesante y necesario para cada uno de nosotros, "si todos lográramos mejorar nuestra forma de ser y de pensar cambiaríamos el mundo".

Nuestro actuar es un reflejo de lo que somos, bienvenidos a un mundo de consejos y reflexiones para una mejor vida.

# Reflexion a tu alma

**Decisión.**
Clarifica tus ideas, enfócate hacia el objetivo deseado con eficacia y destreza, seamos firmes y concretos al tomar nuestras decisiones.

**Desespero.**
Muchas veces nuestro comportamiento no es el adecuado, debido al desespero o estrés porque nos salgan las cosas bien, pienso de no ser así no lograríamos los resultados esperados, ya que atenerse a los demás no es confiable.

**Solución.**
Llega la fecha del arriendo, la cuota del banco, sea cual sea el compromiso tómalo con responsabilidad ya que es un deber cumplir con nuestras obligaciones. He luchado para conseguir ese dinero y no he podido, como hago? me tocara ser incumplido mientras encuentro una solución.

**Ideales.**
El ave abre sus alas al viento para volar, la tijera sus afiladas hojas para cortar, abre tu mente, tu pensamiento, imagínate cosas maravillosas que puedan mejorar tu condición de vida sin hacer daño a nadie. ¡Claro que tú puedes logarlo y alcanzar ideales en tu vida!

**Misericordia.**
Muchas veces no es fácil sonreír inconforme, lo tienen todo y permaneces más contrariado que feliz, ahora imagina las personas que se encuentran en precarias condiciones, pasando necesidades, hambre a diario y aun así muestran una son risa en su rostro, reflejando en su mirada, una luz de esperanza y sobreviven por misericordia de Dios.

**Luz que se apaga**
Al encender una vela desaparece la oscuridad, a medida que pasa el tiempo se desvanece, así es nuestra existencia, nuestra vida un suspiro, una luz que se extingue, seamos consiente que nuestra existencia es parte de nuestra muerte.

**Espíritu.**

El espíritu de alegría habita en seres divertidos, descomplicados, una palabra, un gesto alegre divierte nuestra vida, alimenta nuestra alma, regocija nuestro corazón, desestresa haciendo olvidar las preocupaciones. Un mes de alegría vale más que un año de preocupación. Nuestra alegría no tiene precio y es libre como el viento.

**El qué dirán.**

Los mensajes negativos trascienden más rápido que los buenos mensajes, será por su contenido no deseado, lo cual llama la atención del que vive a la expectativa del que dirán, llenando su mente de negativismo.

**Prevención.**

Casi siempre nos imaginamos que lo sucedido es mala suerte. Detengámonos a pensar tomando el suceso como un ejemplo para no incurrir en el mismo error.

**Nervio.**
Vencer el temor, es psicológico, toma confianza en ti mismo, no te alteres respira profundo, cantar, hablar en público es normal solo tienes que tener confianza y seguridad en lo que haces.

**Ambición.**
Cuanto más ambiciones el dinero más corrompes tu mente, aptitud que te lleva realizar actos indebidos, con el fin de satisfacer tu inclinación a lo material. La ambición destruye la integridad, la vida del ser humano, el ser demasiado ambicioso es malo.

**Nobleza.**
Cuando la persona es noble y sincera, posee unas de las virtudes más interesantes del ser humano. La nobleza y la sinceridad son hermanas gemelas, se parecen entre sí, conviven juntas y habitan en personas con valores espirituales y transparentes como el cristal.

**Envidia.**
La envidia, el rencor, la tiranía, el celo, el egoísmo, son la parte negativa del ser humano, estas nos mantienen atado de pies y manos, al yugo de lo no deseado. Cuando un hombre se encuentra poseído por ellos, adquiere una forma de ser desagradable; esa persona vive en la inmundicia y el desasosiego mental.

**Sello de Calidad.**
Pon sello de calidad a tus productos, a lo que fabriques. Cuando el producto es bueno se ofrece con confianza. Si lo que vendes o fabricas tiene un sello de calidad, al referenciarlo con lo demás productos, marca la diferencia y “un buen producto se vende solito”.

**Silencio.**
El silencio es el mejor amigo de la inspiración y el rendimiento académico. En silencio se estudia, se hace canciones, se escribe poesías; en silencio, la musa te inspira lindas melodías. La mente relajada se

concentra activando el subconsciente del poeta universal.

**Hijo mío.**

Hijo mío ve, anda, camina por la vida, con decisión y disciplina, lograrás grandes triunfos en tu sendero.

La juventud te acompaña, la inexperiencia también, estos amigos te harán cometer muchos errores, pero tropezar es el precio que hay que pagar para que tu mente pueda alcanzar la experiencia necesaria y así forjar la trayectoria de un guerrero valiente y exitoso. Actúa siempre de buena fe, y nunca te irá mal.

**La persona callada.**

La persona que poco habla es más detallista que la persona habladora. Aprende a ser callado mira, observa, se discreto y culto, analiza, calla y saca tus propias conclusiones. La persona callada tiende a ser más inteligente, porque sus sentidos se concentran y asimila más el aprendizaje, siempre tiende a ser un buen estudiante y sobresale con sus calificaciones.

**A Dios…**

Bendito seas Dios padre celestial, rey del cielo y de la tierra, encomiendo a ti mi alma, mi vida, mi espíritu, libra de todo mal a mí y a mi familia, dame la sabiduría cada día para que mi ser busque más de ti, que se haga tu santa voluntad. Dios mío, en tus manos pongo esta hermosa noche y el día radiante de mañana. Amen.

**Entre parejas…**

Amor mío tengo este proyecto, hagámoslo unidos, yo sé que con tu apoyo vamos a salir adelante, debemos trabajar unidos, sabes que la unión hace la fuerza, esta idea no es ni para mí, ni para ti amor.

Es para construir un mejor mañana para nuestros hijos Si con amor decisión y entusiasmo, nos proponemos, forjaremos un mejor futuro, para nuestra descendencia Dios nos ayude.

**Al estudiante…**
Si realizamos el examen y por alguna circunstancia contestaste mal y lo perdiste: ¡No te desanimes! Estudia y analiza cuales fueron tus errores y así con seguridad, ganaras el próximo examen. (Sé aplicado)

**Fíjate tu meta…**
Jesucristo nos da a todos el don de la sabiduría, si la aprovechas con inteligencia y disciplina lograrás grandes triunfos, llegarás a ser un gran genio de la ciencia, pero solo si te lo propones. Confía en él y alcanzarás metas inimaginables.

**La buena fe…**
Actúa siempre de buena fe, no hagas daño a nadie, ya que si dañas a otro te dañarás tú mismo. Desear el mal a los demás, no tiene perdón de Dios. Desea siempre el bien, y te irá bien. No lo olvides nunca.

**Buen amigo...**
Alégrate si a tu amigo le va bien, no seas egoísta, que si él es un buen

amigo, el también haría lo mismo por ti. Este mundo está lleno de egoísmo y envidia, no formes parte de ese grupo de personas que integran el equipo perdedor.

Rodéate de buenas personas y no te desenfoques, serás parte de nuestro equipo ganador.

**Sin plata...**

Cuando uno "esta sin un peso en el bolsillo", endeudado, sin que comer, es duro. Esto causa desespero, intranquilidad y depresión.

No pierdas el control, Dios es grande y misericordioso, nunca abandona a sus hijos. Siempre por algún lado "se brega" y se consigue para cubrir esa necesidad, mañana será otro día, sigue adelante, que Dios nunca te faltará. Confía en El.

**Creer en Dios…**

Creer en Dios es la esencia sublime del espíritu del ser humano, quien no confía en Dios vive una vida vacía, va por el mundo sin control. Como veleta que arrastra el viento sin rumbo fijo, su alma se pierde en lo recóndito del infinito de las tinieblas del más allá. Dios es nuestra única salvación, busca de él.

**Los buenos consejos…**

Ten siempre presente en tu vida las buenas orientaciones que te den tus padres, esto te ayudará cuando seas adulto y padre de familia, así podrás inculcar a tus hijos las buenas costumbres que aprendiste de los tuyos. Tus hijos te lo agradecerán por siempre.

**Desafío.**

Después de alcanzar el éxito, no te confíes, sigue adelante, proponte nuevos retos, tus ideas son infinitas. El crear fama y acuéstate feliz no es contigo, el desafío continua ante viento y marea. Hacia adelante se consiguen nuevos triunfos, emprende desde hoy tu próximo objetivo, naciste para ser una persona exitosa.

**Rendimiento académico...**
El profesor identifica cual es el mejor, el regular y el mal estudiante. Trabajar con un buen estudiante es regocijarse en el buen desempeño de sus actividades.

El buen estudiante corrige siempre sus errores y si por algún motivo, al final de año pierde algún examen o presenta notas bajas, no perderá el año escolar porque su rendimiento académico y esfuerzo muestran el resultado favorable de su trabajo durante todo el año.

**Disciplina...**
El estudiante que saca un 100 en disciplina tiende a sacar buenas calificaciones en las demás materias. La disciplina es la mejor aliada del rendimiento académico en el estudiante. El niño disciplinado se esmera en hacer sus tareas y estudiar.

Su comportamiento lo favorece en sus estudios y merece la admiración de sus compañeros y profesores.

**Ánimo…**
No te dejes desanimar de nadie, no te dejes robar tus sueños, lo que tú te propongas alcanzar en la vida, lo lograrás. Tus capacidades intelectuales son únicas, tu inteligencia proviene de Dios.

Con la ayuda de Dios todo se te irá dando como lo has pensado, solo tienes que seguir edificando tus ideas, día a día, con mucha fe, esfuerzo, esperanza y alegría.

**Entre parejas…**
La mujer noble, respetuosa y fiel, es difícil de encontrar en nuestros días, y el hombre responsable, trabajador, fiel y disciplinado, también.

Sin embargo, existen buenas mujeres y hombres, si contamos con suerte y paciencia podemos encontrar una buena pareja, siempre y cuando reine la comprensión. Cuando en el hogar no exista la comprensión es mejor la separación.

**El supermercado…**

Asistes al supermercado, escoges los productos de la canasta familiar. Analizas el precio de cada artículo para que se adecúe a tu presupuesto, y cuando pasas a la caja para cancelar los productos.

Puedes encontrar que algunos tienen el precio alterado o este no está de acuerdo con el precio al que lo tomaste de la estantería. Vale la pena prestar atención y "cuidar el bolsillo".

**Las penas…**

Desahogar las penas embriagándose conlleva a la desilusión total. Al embriagarte, pierdes el control de tus acciones y pensamientos, llevándote a una situación de desespero y depresión severa.

Si por tu estado de embriaguez no encuentras ninguna salida, es peligroso, porque te puede llevar a tomar la decisión más cobarde de la existencia, quitarse la vida. No uses sustancias adictivas para salir de tus penas, es tu vida, cuídala.

**El dialogo…**

Cuando se dialoga de buena forma, los problemas se minimizan. Siéntate con esa persona con la que estas inconforme, exponle tus diferencias, pregúntaselo todo sin alterar la voz y sin discutir. Discutiendo no se llega a ningún arreglo, solo agravas la situación, dialoga de buena forma.

**La vida…**

La vida es como una carretera tiene altos y bajos, la situación económica varía, ten en cuenta si pasas por una buena situación, economiza, extiende tu mano al necesitado. A cualquier persona que necesite de ti, ayúdala.

Si necesita dinero, préstaselo, de esa forma podrá montar su propio negocio, independizarse y sacar su familia adelante. Ten seguro que ese dinero te lo devolverá y tal vez sea quien te tienda su mano más adelante, cuando tú lo necesites, se buen amigo.

**Agradecimiento…**

Ser agradecido es uno de los dones más hermosos que existe. El agradecimiento regocija el alma, tanto del que da como del que recibe. Quien sirve con alegría es noble sincero puro, y honesto. Es una gran virtud ser servicial.

**Bobo…**

Nunca pienses que tú eres más "avispado" que los demás, no pretendas nunca engañar a otro. Nadie va a ser más bobo que tú para dejarse engañar de ti. Si tratas de engañar a los demás, el bobo y el engañado siempre terminaras siendo tú.

**Tus hijos…**

Dedica el tiempo necesario a tus hijos. Una persona responsable se encarga de: darle su alimentación a tiempo, bañarlos, asear sus dientes, verificar que lleven sus tareas bien hechas y asistan al colegio impecables, les enseña a ser personas aplicadas y respetuosas. Los hijos necesitan de una formación adecuada y digna, todo lo bueno que puedas enseñarles hoy, y te lo agradecerán mañana.

**La venta…**

"Las ventas" es una de las profesiones más hermosas del mundo. Las relaciones comerciales son constantes, es divertido viajar por distintas partes, conocer muchos lugares y personas.

Ser vendedor te convierte en un empresario independiente, los ingresos serán de acuerdo a lo que te propongas, esto provoca una relación constante entre el vendedor y el comprador, ambos aportando por el crecimiento empresarial de nuestro país.

**La madre…**

Una madre lo es todo, crecemos en su vientre durante nueve meses, soporta malestares y nauseas. Desde antes de nacer se desvive por esa creatura, sobando su barriga suavemente, nos acaricia desde el vientre con amor maternal, hasta llegar la hora de nacer esa creatura. Fuente de alegría para su vida, nacemos y aun cuando crezcamos para esa madre su hijo sigue siendo una hermosa creatura siempre.

Madre solo hay una, cuídala protégela quiérela con todas la fuerzas de tu corazón. Nunca des martirio a tu madre, dale alegría.

**Todo es posible...**

El que se da por vencido y tira sus proyectos no alcanzados, no logrados, a la derrota, es porque se desilusionó echando ese sueño a la nada.

No señor, vaya siempre hacia adelante, la perseverancia vence. Alza tu frente al cielo, Dios mío ayúdame para seguir adelante, no me dejes desfallecer, dame las fuerzas que necesito para alcanzar el objetivo deseado, en ti todo es posible señor. Padre mío, tuya es mi alma, tuya es mi vida, en ti confío. Amén.

**El limosnero...**

En las pupilas de un limosnero se refleja la desesperanza, su tragedia por el abandono, el hambre, la miseria. El no quisiera vivir moribundo sin su sustento de cada día. No pases sin darle una moneda, o algo de alimento, no se te quita nada. Ve, anda, regálale una moneda a ese limosnero para calmar su hambre. Él te lo agradecerá de corazón.

**El animal…**

Evita tropezar con los animales, si está echado, no le pases por encima, si vas a pasar y el también, déjalo que pase primero. Ten en cuenta que es un animal, si lo tropiezas o lo ultrajas, su reacción es defenderse en forma instintiva como animal que es. Puede arañarte, puede morderte, no tratemos mal a los animales, también sienten y entienden.

**El mal hábito…**

Hay parejas que se habitúan a constantes discusiones, maltratos y ofensas. Al cabo de un rato se tranquilizan, llega la noche y como si nada hubiese pasado, duermen junticos. Al día siguiente se levantan en la misma tónica, con este comportamiento lo que hacen es dar mal ejemplo a sus hijos, ya que todo lo que ellos expresan es un comportamiento contradictorio y lo convierten en un mal hábito, una mala costumbre. No demos mal ejemplo a nuestros hijos.

**El imperio…**

El imperio de la corrupción existe en muchos países, por medio de la politiquería se roban miles de millones de pesos, dinero que es compartido entre ellos.

Es la llamada mermelada y cuando se destapa esa olla podrida, los primeros condenados "prenden el ventilador" para divulgar a los demás en su misma condición, así terminan todos judicializados. Rinden cuentas a la justicia y algunas veces queda en impunidad. Se podrán librar de la justicia terrenal, pero nunca de la justicia divina.

**Millonario…**

¿De qué te sirve hacerte millonario con dinero mal habido, si no vas a tener una vida tranquila? Tú conciencia te acusa e intranquiliza, mental y espiritualmente.

La tranquilidad del alma no se compra con ningún dinero del mundo. La paz espiritual es llevar una vida sana. El dinero mal habido, se consigue fácilmente, pero se esfuma como ceniza al viento. Perderás lo esencial de tu ser que es la vida, evita la senda del mal.

**El rayo…**
Cuando llueva y la tormenta te agarre fuera de casa, en la calle, el campo, la pradera o lugares inseguros, no te refugies en árboles frondosos, ni cerca de líneas eléctricas. Apaga todo aparato electromagnético que poseas, tu cuerpo y tu ropa mojada son un atrayente de energía que puede causarte la muerte.

**El vecino…**
A ese vecino fastidioso, que molesta, “friega por todo”, has caso omiso. Háblale sin grosería y con fundamento, hazle entender sus errores. Si no corrige su comportamiento, hazte “el de la oreja sorda”. No pierdas tu tiempo, el solo quiere que vivas como el, amargado. Si esa es su forma de vivir y no tiene interés en cambiar, piensa que cada persona hace su vida a su manera, lo más importante es que tú seas feliz.

**La buena amistad...**
Esa clase de persona hipócrita, envidiosa y rencorosa, apártala de tu vida. ¿Cómo descubres ese tipo de persona?, fíjate en su comportamiento hacia ti y hacia los demás, notarás su egoísmo y su envidia.

Se vuelve una carga pesada si ve que te va bien y lo demuestra con una sonrisa hipócrita. Se molesta si ve que obtienes algún triunfo, lo notaras en su forma de expresión, su mirada refleja su inconformidad, sufre complejos de inferioridad y por ningún motivo acepta tu superación.

Quiere verte siempre derrotado e irradia una energía negativa hacia ti. Aléjate, retírate, de ese tipo de amistad, no te conviene para nada. Porque la buena amistad debe ser sincera, noble y de buenos principios.

**Cuida a tu hijo…**

No se te ocurra mandar a tu hijo pequeño a enchufar aparatos eléctricos, él no tiene la precaución, ni percibe el peligro. También enséñale que no debe abrir la puerta a ningún desconocido.

No dejarse tocar su cuerpo de nadie, tampoco recibir cosas de desconocidos en la calle, oriéntalo, hazle ver lo bueno y lo malo. Si sales con ellos al centro comercial, no los pierdas de vista, ni un segundo, los impases y tragedias que les sucede a los niños, casi siempre ocurren por descuido de sus padres. Cuídalos, se precavido con tus hijos.

**No confíes…**

No confíes la seguridad de tu hogar a ninguno, ese que dice ser tu amigo, te brinda su confianza y aparenta amistad para ganarse la tuya.

Se malicioso, tu hogar es un lugar sagrado de privacidad, el dejar tus niños con personas allegadas, no es confiable. Pueden abusar o faltar el respeto a tus niños y hasta a tu propia esposa. No confíes tu hogar a nadie.

**Debilidad…**
La debilidad mental se produce por la pérdida del sueño o largas horas de trabajo por estar conectado al sistema u oficina.

El exceso de concentración produce al cerebro trastornos que conllevan a un estado de debilidad severo, produciendo dolor de cabeza, estrés, dolor en la nuca y la espalda. Ten en cuenta que debes descansar mínimo de seis a ocho horas diarias, si no lo haces, andas mal, porque el descanso forma parte de la vida.

**Decisión…**
Si tienes programado salir a un paseo, o de excursión con tu familia, y a la hora de salir, algún integrante del núcleo familiar le surge una excusa para no viajar, déjalo.

No insistas sobre el viaje, amaneció indispuesto, desanimado, o no le provocaba ir a ese paseo. Si ya es un adolecente, tiene todo el derecho de tomar esa decisión, tal vez no le convenga viajar. Déjalo en casa.

**Ejemplo…**
Que interesante es el padre que da buen ejemplo y el resultado es el buen comportamiento heredado por los hijos.

Los comentarios son los mejores: ese muchacho es una buena persona, cariñoso, un buen estudiante, salió igual a su padre, de buenas costumbres, es sincero, noble, buena gente. El buen hijo por su forma de ser es admirado y querido por todos.

**Claridad…**
A veces no se tiene una visión clara de lo que se hace, por ejemplo, estás realizando una tarea e investigas por todos lados y te preguntas: ¿porque no logro conseguir la respuesta correcta?

¿Qué ocurre?, y piensas que algo tiene que sucederte porque necesitas terminar tu tarea bien hecha y no lo logras. Esto ocurre por estar desenfocado, y al culminar la tarea, te das cuenta que no habías leído detenidamente el libro donde debías resumir o hacer dicha tarea. Al leerlo nuevamente, captas el mensaje claro, y sin dificultad haces bien tu tarea. Debes leer comprensivamente para entender.

**Ideas...**

Las ideas interesantes que pasen por tu mente grábalas, escríbelas. La inspiración es un momento durante el cual la chispa en tu cerebro se enciende y te ilumina surgiendo la musa de esa maravillosa idea como por arte de magia.

En ese momento, debes pellizcarte, si dejas pasar como hojas secas al viento dicha idea, cuando quieras reaccionar se te ha esfumado. Tu mente es una máquina de ideas interesantes, aprovéchala, que tal vez ese mensaje no vuelva a pasar nunca más por tu mente.

**De compras...**

Si vas a salir siéntate un momento, toma papel y lápiz, verifica lo que te hace falta y escríbelo. Si no tienes en cuenta esta sugerencia, los errores serán constantes: se me olvidó tal cosa..., no traje esta otra... se me pasó por alto esto... Anotar es sencillo y practico, te evita inconformidades diarias.

**Verifica...**

Verifica en el sistema o en tu diccionario el significado de esas palabras que desconoces, y de esa forma, ilustrarás tu mente, tu vocablo, y te expresarás con mayor seguridad al entablar conversación con las demás personas en privado o en público. Desarrollaras una forma de expresión clara y segura, eso te da la confianza para expresarte frente a otros.

**Empírico...**

El empírico nace con el don del saber, su mente desarrolla una versatilidad única, es como una fuente de agua cristalina que brota desde las entrañas de la mente sabia.

La sabiduría empírica proviene de Dios, existe en niños superdotados, adultos, ancianos, no tiene distinción social, es algo natural como las plantas, las flores o los corales del fondo del océano. Es una bendición poseer sabiduría.

**Tus padres…**
Si tus padres te regañan por algún motivo, algo que hiciste bien o mal, tengan o no la razón, en el momento no les discutas, déjalos, están enfocados en que fue como ellos dicen, no les contestes, no "bregues" con ellos.

Mantén tu posición de hijo, de lo contrario sería faltarles al respeto. Más adelante analizarán y caerán en cuenta que tu tenías la razón y te pedirán disculpas con un abrazo amoroso.

**Temperamento…**
Si eres de temperamento fuerte controla tus impulsos, no es conveniente portarte de esa forma.

Tus sentidos se alteran haciéndote cometer errores al tratar de una manera indebida a los demás, respira profundo por unos segundos, inhala y exhala el aire suavemente por un momento, eso te ayudará a controlar tu ímpetu y poco a poco vas controlando ese mal hábito. Pon algo de tu parte.

**El primer paso...**
El primer paso para cambiar nuestra vida, es buscar de Dios acercarnos más a Él espiritualmente y pedirle día a día que nos ayude a mejorar y cambiar nuestra forma de ser.

Así poco a poco él nos va dando la paciencia y sabiduría para mejorar nuestra forma de ser. Señor ayúdame a cambiar, ayúdame a buscar más de ti, honrar tu santo nombre, purifica mi corazón, mi alma, mi espíritu, en ti confío padre celestial, eres mi vida, eres mi todo, a ti encomiendo mi alma. Amén.

**Mal comportamiento...**
Hijo mío compórtate, tú crees que porque ya estas grandecito puedes hacer lo que te venga en gana.

Debes regirte por las normas y buenas costumbres que te inculquemos nosotros como padres. Esas buenas costumbres, esos buenos principios, también nos los enseñaron como niños, y nosotros como padres debemos inculcártelos a ti. Así, para cuando tú crezcas también enseñes estos buenos modales a tus hijos. Las buenas costumbres son el lema de nosotros, para tu descendencia venidera.

**Papi…**

- Papi ¿tú me botaste el revolver de pasta con el que juba ayer? ¿Verdad?
- No hijo mío, no te lo boté, te lo escondí.

- ¿Porque me lo escondite papá?
- Porque te escuché una expresión que no me gustó de ti, cuando dijiste ¿esto es lo que a mí me gusta y qué?

- Hijo mío, ya tienes ocho años y entiendes lo bueno y lo malo, y eso que me dijiste es malo, no me lo vuelvas a proferir. Hijo mío Dios te bendiga y que pasen siempre buenos pensamientos por tu mente.

**Adivino...**
El hechicero, el adivino, ese que piensas que va a solucionar tus problemas, que va a cambiar tu suerte, no es real. No creas en esas bobadas, son vivarachos que se aprovechan de tu ingenuidad para quitarte el dinero.

Pero ¿de qué forma? primero comienzan a hacerte preguntas simples y tú les vas respondiendo, de esas respuestas, van sacando sus propias conclusiones.

Luego, con estrategias de convencimiento e hipnotismo que poseen van envolviendo tu mente, convenciéndote de la veracidad de sus palabras como una realidad. Si en verdad el brujo adivinara fácilmente podría sacar para él la lotería.

**Ilusión...**
No te ilusiones con personas que te hagan falsas promesas, te prometen cielo y tierra, solo para hacerte feliz, te dicen: ¡seguro!, ¡eso es un hecho!, ¡cuenta conmigo! y se aprovechan de tu

nobleza, te quitan dinero te hacen perder el tiempo.

Te convencen de hacer lo que ellos deseen ganándose tu confianza con falsas promesas y así, das hasta lo que no tienes. No confíes en esa clase de personas falsas y estafadoras. No te fíes de todo el mundo. Confía en lo que tú creas y garantices que es una realidad.

**El tiempo…**

Los tiempos han cambiado, antes la juventud se divertía más que actualmente. En aquel tiempo se asistía a una reunión social o fiesta de cumpleaños, los muchachos estaban pendiente de sacar a bailar a las muchachas, se veía la pista llena de parejas bailando, el ambiente era natural.

Pero ahora, la fiesta se torna triste, la juventud esta distraída, con su mente enfocada en el chateo, la llamada, el mensaje de texto, sumido sin control en el mundo cibernético y también en las drogas.

**Prevención…**

Ten precaución, oríllate, apártate de la carretera, no sabes si alguien viene a toda velocidad en condición ebria o con su mente sumida en alguna clase de droga. Una mente perturbada puede cometer cualquier locura.

Cuando algo malo sucede, la gente dice: es que tenía que suceder, es que eso ya estaba predestinado, pero eso no es real, Dios dijo: cuídate que yo te cuidaré. El que no previene el peligro puede morir primero que la persona precavida quien cuida su vida.

**Perfecto…**

Nadie es perfecto sobre la tierra todos tendemos a equivocarnos muchas veces, pero el que no aprende de sus fallas sigue su vida de error en error de tropiezo en tropiezo. Se debe aprender de las faltas y corregir los errores.

Consulta siempre con personas mayores, te enseñarán de sus experiencias. La experiencia no se improvisa.

**Amistad…**

Acuérdate de tus amistades, no seas descuidado. Hazle una llamada o escríbele al Wasap a tu amigo, amiga o familiar, que tengas tiempo de no contactarte con él. Esa persona se sentirá contenta, regocijada de ti. Pregúntale como le ha ido, por sus familiares, si es posible, hazle una visita, las buenas amistades no se descuidan.

**Semana Santa…**

La semana santa es un tiempo de recogimiento, de reflexión, de oración. Si tienes casi todo el año para realizar tus diferentes actividades que te correspondan, guarda la Semana Santa.

Dedícala al recogimiento espiritual, ves a la iglesia, lee la Biblia, lee un libro, dedica ese tiempo a Dios, unido a la familia. Oremos en conjunto con hermanos, hijos y amigos. El tiempo final se aproxima.

**Consejo…**

El dicho “el que no escucha consejo, no llega a viejo” es una realidad. Un consejo es una forma de hacerte ver las cosas de un punto de vista diferente. Quien te da un consejo quiere verte siempre bien, no lo tomes a mal, es una forma de prevenirte de lo malo que pueda sucederte.

Si te dice no hagas eso, y lo haces, es bajo tu propia responsabilidad, y debes aprender que las cosas mal hechas, nunca terminan bien. Si te habitúas a hacer lo malo, puedes terminar mal. No seas ingenuo, haz caso.

**Planeta tierra…**

El planeta tierra donde habitamos, cada día es contaminado más y más, discriminadamente, sin ninguna forma de prevención, sin ningún control. Por la bruma del humo, fumigaciones aéreas, la detonación de oleoductos del crudo, el carbón, de esa forma se contamina las cuencas de los ríos, y toda clase de vida existente en ella, desaparece.

El agua es el líquido preciado que forma parte de nuestra vida, cuidémosla. Es tan fácil pensar que, si no cuidamos nuestro planeta tierra, el único que tenemos, no hay otro, cada día se calienta más, lo podemos sentir en la sofocación actual. La capa de ozono desaparece, ¡Dios mío que será de nosotros!

**Desorientado…**

La persona desorientada, distraída, tranquila, lenta, es poca emprendedora. Vive su vida a su manera. Lo que una persona emprendedora hace, en una hora, el desorientado lo puede realizar en tres horas o lo deja a medias. Pellízcate tú, no seas esa clase de persona. Tú también puedes, anda, visiona, proyéctate hacia adelante con actitud positiva.

**Predicciones…**

Las predicciones de lo que sucederá en el futuro son imaginaciones, sueños, revelaciones, teorías basadas en aparatos científicos. Muchas veces concebidas a mentes superdotadas.

Si algún ser humano sobre la tierra predijo algo anormal y sucedió exactamente al pie de la letra, año, día hora, le pudo ser revelado por Dios, rey del cielo y de la tierra, sabio único del mundo y sus misterios.

**Antifaz…**
Hay personas que poseen un antifaz, aparentan ser personas cultas, honestos, buena gente, nobles de corazón, pero no son esa clase de personas, es el prototipo de la persona engañosa.

Actúan como el comején que calan sin producir sospechas y de esa forma se aprovechan de los demás. Actúan de mala fe, son de corazón falso, tienen su mente embriagada de rencor. Cuídate de esa clase de personas, te pueden hacer daño.

**El yugo…**
Desátate de ese yugo que perturba tu mente, te ata, y no te deja proyectar y hacer realidad el sueño de tu vida. Ya es hora de emprender y alcanzar el éxito, como el águila que vuela desafiante y logra posicionar sus fuertes garras sobre

las rocas de los picos de las montañas más altas de la superficie terrestre y así mantiene su posición desafiante ante la adversidad de la vida.

Ya es la hora, es el momento, predispuesto por Dios para lograr tus objetivos, Dios te acompaña.

**Valores…**

Los valores representan en nuestro ser la pureza espiritual con los demás. Como seres humanos, de nuestra forma de actuar dependerá la forma de ser de nuestros hijos. Si valoramos, enseñaremos a valorar, si no valoramos, lo mismo o igual, seremos valorados por las demás personas, eso nos enseña también a valorar. Que interesante es valorar a las personas.

**El dinero…**

Existen personas que el poseer dinero las hace cambiar y psicológicamente se sienten poderosas, altivas, soberbias, se enferman mentalmente. Utilizando el poder del dinero para actuar indebidamente pasando por encima de los demás, causando dolor y muerte con su forma de pensar errónea.

Creen que pueden hacer y deshacer de todo con la infamia de su actuar, olvidándose que arriba hay un Dios que todo lo ve, y nada es oculto para él. La justicia divina es severa y justa. De la justicia divina no podrá escapar ningún ser humano sobre la faz de la tierra.

**Diezmo…**
El diezmo es la donación espontanea que le hacemos a la iglesia. Hagámosla de alma y corazón, es para el beneficio única y exclusivamente de las necesidades de nuestra iglesia. Escrito está en la biblia, el único libro inspirado por Dios. Diezmemos mejor. Sembrar para recoger es real, se nos multiplicará.

**El poeta…**
Cuando el poeta o escritor muere, entonces es que le comenzamos a hacer homenajes, reconocimientos. Esas distinciones hagámoslas en vida.

Él se sentirá orgulloso de ese reconocimiento, un valor dado a su talento, a su esmero, dedicación. Recibir el galardón a la excelencia en vida regocija al master intelectual y su lenguaje universal. Después de fallecer: ¿Para qué?

**Amor…**

Una palabra dulce de amor llena el corazón de alegría, incentiva el alma haciendo sentir romántico el corazón. La palabra amor es como gota de rocío que cae sobre una flor deslizándose sobre su interior suavemente.

Como musa viajando sobre el viento que reposa melodiosa sobre la mente del poeta materializando la expresión sentida, amor, amor de mi vida. Amor la palabra sentida que alegra el corazón y une nuestras vidas.

**El mundo…**

El mundo está desequilibrado, dos fuerzas desunidas, la fuerza del bien y la fuerza del mal, con una diferencia inmensa entre ellas. En la fuerza del bien predomina la energía cósmica irradiada proveniente de Dios, ser supremo.

Son todas esas cosas buenas que te puedas imaginar, es la buena convivencia que existe en nosotros aquí en la tierra que significa ser hijos de Dios.

Al otro lado de la moneda, sucede todo lo malo, es donde existe la muerte y desolación, un mundo oscuro entre brumas y tinieblas del más allá. Es la perdición del alma sobre el fuego y el azufre, la cual sufrirá eternamente.

**Dentro de ti…**

Busca dentro de ti tu buena forma de ser, como explorar ese don que posees. A veces ni te imaginas lo que tienes, escudriña dentro de tus entrañas como poner en práctica tus actividades de lo que te gusta hacer, pintura, cantos, poesías. ¡Dale!

Comienza ya a dar tus primeros pininos como cuando el niño comienza a caminar. Al principio las cosas no te van a salir bien del todo, pero a medida que vas cogiendo cancha, te vas profesionalizando y así, poco a poco todo te comienza a salir bien hasta convertirte en un gran profesional en ese campo el cual escogiste. Comienza ya, para mañana es tarde.

**Serenidad…**
Actuemos calmados, con serenidad, pensemos las cosas con inteligencia y todo nos saldrá bien. La prisa, el desespero, solo hace torpedear nuestra mente y hacer que las cosas salgan mal. Tomate tu tiempo y piensa con serenidad y seguridad. Tardarás un poco más, pero harás las cosas mejor.

**Desespero…**
¿Dónde estará?, ¿Que estará haciendo?, ¿Porque no ha llamado? ¡Estoy esperando!, ¡No me contesta el teléfono!, ¡Me siento desesperado! ¡Cálmate!, ¡Relájate!, ¡No pierdas el equilibrio de tu mente!, ¡No te desesperes!, ¡El desespero no conlleva a nada!

**Evangelizar…**
El evangelizador es un mensajero de Dios, de sus labios brotan expresiones sublimes de amor, esperanza, comprensión y entendimiento. El escuchar al evangelizador de cualquier religión es interesante.

No cierres tu puerta a él, atiéndelo a si sea por unos minutos, uno no sabe que enseñanza pueda dejarnos y que de pronto ese mensaje pueda cambiar nuestra vida. Cualquiera que sea la religión o forma de buscar de Dios es bueno. Atiende la visita y escucha con mucha atención.

**Mala inversión…**
Si esas multimillonarias inversiones que realizan los países en compras de aviones, armas, equipos de guerra y pruebas nucleares, fuesen invertidas en obras sociales, no hubiese tanto abandono, tanta miseria, tanta desolación y hambre en el mundo.

La injusticia y desigualdad social conllevan cada día más a la violencia sobre la tierra. Cambiemos nuestra forma de pensar y forjaremos un mejor mañana.

**Juegos peligrosos...**
Evita comprarles a tus hijos juegos peligrosos como pólvora. Ningún juego peligroso es bueno, representa un riesgo para tu hijo y sus amiguitos, alguien podría salir lastimado. Los niños son seres inocentes y delicados, necesitan ser cuidados y estar muy pendiente de ellos. El niño tiende a ser necio, la precaución depende de nosotros.

**Seguridad...**
Antes de acostarte verifica tu seguridad y la de tu familia. Pasa el cerrojo a la puerta, a la ventana y puerta del patio. Hazlo tú mismo, no mandes a los niños. Apaga la luz y así dormirás seguro y tranquilo.

El ladrón no tiene que ver con ninguno, llega silencioso y viene dispuesto a lo que sea. Verificando tu seguridad, no darás espacio a que él entre a robar.

**Idiomas…**
El aprender a hablar diferentes idiomas es importante, instruye al estudiante, universitario, persona profesional, el dialecto de las lenguas es universal. Uno de los idiomas más interesantes de aprender es el inglés. Estudia idiomas, es divertido.

**El silencio…**
La clave fundamental del aprendizaje es el silencio. El silencio es como una mente dormida que al soñar recuerda todo como si hubiese sido real. El silencio es el poder de una mente concentrada, donde se va almacenando todo el contenido del texto estudiado. El silencio ayuda al aprendizaje del estudiante. El silencio concentra tu mente.

**Ser bueno…**
Seamos personas de corazón bondadoso, servidores, humildes, sirvamos a todo el que podamos, demos buenos consejos al desorientado. Una buena orientación puede cambiar la vida a esa persona. El buen comportamiento

del ser humano en la tierra, pueda que le asegure un puestecito muy especial en el cielo.

**Comprensión…**

¿Amor como estas?; mi vida hazme esto; mi cielo hiciste la comida y te quedo mal hecha; ¡no te preocupes!, mañana te quedará mejor; si no puedes ir por los niños al colegio, yo voy por ellos; el domingo nos vamos de paseo para desestresarnos un poco.

Esa es la forma adecuada de tratar a una esposa y de esa misma forma también serias tratado tú. Un hogar feliz lleno de amor, comprensión, alegría y esperanza, es un hogar lleno de paz. La comprensión y el respeto en el hogar es lo más lindo.

**Salud…**

¿Por qué será que a lo que menos le prestamos atención es a nuestra salud? Vivimos más pendiente de las cosas materiales que de nosotros mismos. Ya está bueno, ve, visita a tu médico, hazte tus exámenes, tus chequeos.

Es tu salud, tu cuerpo, tu vida, lo que estas poniendo en riesgo. Tu vida depende de que cuides de ella. Si tú no te cuidas, nadie te va a cuidar.

**Infidelidad…**
La infidelidad es una situación desleal, una falta que existe entre parejas. Sucede cuando acceden a tener relación sexual con otra persona. Ese comportamiento conlleva a problemas constantes, separaciones, muerte. Es un flagelo real que existe casi a diario en el entorno en que vivimos. La infidelidad es un peligro mortal.

**Favor…**
Cuando alguien llega, un amigo, conocido o familiar, a pedir un favor a pedirte prestado dinero, una herramienta o cualquier cosa, llega de una forma sumisa con voz suave, calmada y tú, desinteresadamente, le haces el favor.

La respuesta es mañana te pago o mañana te lo traigo. Pasa los días, pasa la semana y ni siquiera te llama, no regresa, no llega a traer lo prestado, se hace el loco, si le reclamas, se disgusta y solo por haberle hecho el favor terminas en enemistad con él. Ese es el prototipo de la persona desagradecida y mala gente. Está atento a quien le prestas algo.

**Hijos…**

Hijos míos, sigan siempre los buenos consejos que les hagan saber. No se dejen influenciar por las malas acciones. Debemos aprender y direccionar nuestra vida a ser personas de buenas costumbres, personas de bien.

El que actúa bajo los parámetros de lo correcto, es una persona inteligente, mantiene nivelado el estatus de su reputación, como una persona correcta. Esa clase de personas es digna de admirar, esa clase de persona quiero que seas tú.

**Corregir…**

Al niño debe corregirse con carácter decisivo y fuerte, sin necesidad de maltratar. Con fundamento hazle entender lo que debe hacer y lo que no debe hacer.

Si lo corriges y no te hace caso, insístele con mirada fija a él, mándalo hasta tres veces, el cederá. Así, poco a poco, al crecer va cambiando su forma de ser y de pensar.

Otra forma de corregir es quitándole lo que más le gusta, por ejemplo, - si no haces caso, no te llevo el domingo al parque- , - al centro comercial- , o – no te compro esto-. De esta forma él va cambiando su comportamiento hasta corregir sus pataletas, pero nunca permitas que hagas lo que le venga en gana. Corrige a tu hijo.

**Pesimista...**

La persona pesimista acostumbra su mente a lo negativo y aunque la suerte lo acompañe, y el éxito lo aceche, su forma de pensar lo aleja de ellos, arrastrándolo siempre hacia lo inseguro, y, aunque las buenas oportunidades le coqueteen, él tiende a alejarse de ellas. Cambia tu forma de pensar, no seas negativo. Anda siempre con la frente en alto. Como muchos pueden, tú también.

**El comportamiento...**

El comportamiento entre las amistades debe ser de una forma correcta, en la forma de tratarse uno con el otro, no faltarse al respeto. Poseer una amistad noble y sincera es lo correcto. Nunca hagas a nadie aquello que no te gustaría que te hiciesen a ti. Adquiere buenos modales y conseguirás amistades nobles y sinceras.

**El agua...**

Lo último que una persona podría negar sobre la faz de la tierra sería un vaso de agua. El agua es fuente de vida en abundancia y se encuentra en todas partes, nace de la cuenca de las montañas, brota de las entrañas de la tierra, se evapora y cae desde las nubes hasta en forma de granizo.

El agua es el líquido más interesante y necesario de la existencia del ser en la tierra. ¿Porque alguien debería negar un vaso de agua?

**La soledad...**

La mujer es la musa, el encanto, la compañera del hombre en la tierra. Un hombre solitario no tiene vida feliz. El compartir nuestra vida a la mujer es majestuoso, maravilloso. El hombre al lado de la mujer conforma la descendencia sanguínea, que proviene de nuestros ancestros, genética, que transcenderá a través de los siglos.

**El domingo…**

El día domingo levántate temprano, báñate, vístete, tienes una cita interesante con Dios, es día de ir a la iglesia a escuchar la palabra sagrada, la cual llena nuestra alma de fe y mucho amor. La palabra sagrada proviene de Dios. Mensajes sagrados de reconciliación y paz espiritual, el único remedio efectivo que sana el alma.

**En clase…**

En el salón de clase debe guardarse la cordura, el silencio, el respeto hacia los compañeros. El bullicio, el desorden, la indisciplina transforma al estudiante en un pésimo compañero de clases. No fomentemos el desorden, seamos ordenados en clase, respetemos al profesor, son nuestros segundos padres, nos enseñan a ser mejores personas.

Gracias a los maestros por su paciencia y disciplina, nos ayudan a mejorar nuestra personalidad. La indisciplina no conlleva a nada bueno. Seamos aplicados.

**Traición...**

La traición es la forma del desagradecido pagar a quien le ha servido. Si alguien te ha servido de buena fe, ¿Por qué traicionarlo? Si quien te extendió la mano y quien te dio de comer y beber cuando tenías hambre y sed, actuó de buena forma contigo, se agradecido con el que te ha ayudado.

No pagues de una mala forma, considéralo, protégelo, ayúdalo en lugar de traicionarlo, es un verdadero amigo.

**Estrategias...**

El cierre de la venta debe ser eficaz, explica lo específico del producto, mira siempre a los ojos del cliente. Háblale con claridad, sonríe, hazle ver los beneficios que obtendrá del producto, de inmediato dele el precio del mismo. El cliente al ver el beneficio, la ventaja del producto, se lo comprara sin rodeos. (Estrategias de un buen vendedor)

**Empleado…**
El buen empleado es honesto, sincero, honrado, todo lo hace bien porque actúa de buena fe, al pie de la letra. Ese empleado debe ser apreciado por su empleador, su sueldo debe ser bien remunerado, darle sus prestaciones y seguridad social, vacaciones y demás.

Ese buen empleado es quien ayuda a la prosperidad de la empresa. Si el empleado es eficiente, el jefe también debe ser buena persona con él. Con el buen empleado no se debe tener ninguna clase de reparo. Trátalo de una forma especial, hace parte del progreso de la empresa. Consérvalo.

**Extraviado…**
Si se te extravía o pierdes algo, búscalo minuciosamente, en la casa, en la oficina, en el carro. Siéntate y piensa en donde pudiste dejarlo perdido. Analiza y puedes sacar tu conclusión para recordar donde puede estar.

No busques excusas de hacer aparecer lo perdido culpando a los demás. Nunca señales ni culpes a nadie, si no estás seguro de lo que dices.

**Lotería...**

El que se gana una lotería y no está preparado psicológicamente, tiende a convertírsele en un calvario. De ganarte un premio lo primero que deberías hacer es consultar al psicólogo, que te de una orientación completa a tus cinco sentidos.

De no estar preparada esa persona comienza a comprar y a gastar desmedidamente, sin ningún control, llevándolo a la locura total. Si te sucede el ganarte una lotería, primero que todo, encomienda ese premio y encomiéndate tú a Dios.

Tómalo como una bendición haberte ganado ese premio y que sea por el bien de ti y de toda tu familia. No pierdas el control.

**Equipo interdisciplinario…**
Excelente idea conformar un equipo interdisciplinario, con sentido social para orientar y servir a las comunidades niños, adultos y ancianos, capacitando profesionales de cada región.

¿Quién podría servirle mejor a su pueblo que ese profesional nacido y creado allí? Convirtiéndose en esa cúpula de profesionales del pueblo para servir de por vida a su gente y sacar adelante a sus familiares y amistades. Excelente idea.

**Dale gracias a Dios…**
El día que te va bien en el negocio y en el trabajo es obvio que te alegres porque te fue muy bien, das gracias a Dios. El día que te va regular o mal, no te desanimes, es algo normal. El día que te vaya bien mal o regular, también dale gracias a Dios.

No solo debes darle gracias a Dios por los buenos resultados obtenidos, a diario debemos darles gracias por mantenernos bien de salud a nosotros y a nuestra familia. Tener vida y salud es suficiente para estar agradecido con

Dios. No reniegues de los malos tiempos.

**Indispuesto…**

Cuando te sientas indispuesto, sin ánimo, y estés enfermo, no te desanimes. Tomate tu medicamento puntual. Si al día siguiente amaneces lo mismo levántate con ánimo, tomate un buen baño.

Eso relajara tu organismo. Desayuna, relájate otro ratico. Si te sientes en condiciones, sal a la calle, asoléate un rato. No consientas la enfermedad que poseas, postrado en cama, eso te hará sentir peor.

Caminando, sudando, el virus que posee se esparce al ambiente. Al llegar a la casa báñate otra vez, cambia el tendido de tu cama, tomate nuevamente tú medicamento y al otro día estarás bien.

**Brutalidad…**
Entre seres humanos y animales existe una diferencia no tan inmensa como lo imaginas, porque el ser humano tiene la ventaja de hablar, pensar, analizar las cosas, es más versátil intelectualmente al animal.

Pero ese animal también entiende, reconoce a su dueño cuando le habla. En ese caso, analizando la inteligencia de cada cual, tendemos a ser, los humanos, mas brutos que los animales, por ejemplo, rara vez un animal mata a otro de su misma especie.

Mientras que, en el ser humano, a diario nos matamos unos a otros sin compasión. Utilizando esa inteligencia humana, para fabricar armas, bombas atómicas, equipos de destrucción masiva sobre la tierra. Analizando entre el ser humano y el animal, el ser humano tiende a ser más bruto que el animal.

**Despertar…**
El despertarte exaltado, nervioso es peligroso para tu corazón, porque tu mente, tu cuerpo, esta relajado, sumido

en un profundo sueño, y al despertarte asustado, se activan tus sentidos de una forma no adecuada.

Tu corazón sufre un impacto sorpresivo, activándose los vasos sanguíneos de una forma inadecuada y así la persona puede llevar un día malgeniado, estresado. Al despertarte trata de contener un poco la respiración y moderar ese mal hábito.

**Estrés...**

No te estreses, no te desesperes por simples problemas cotidianos. Si tiendes a desesperarte por todo nunca vas a tener vida tranquila. Si tienes un problema por solucionar y te estresas por ese problema, ya son dos problemas que te acarreas, el problema y el estrés.

La solución es tomar calma, y buscarle el fin a ese problema, si es que tiene remedio, ya que existen problemas como la muerte que no hay nada que hacer y sin embargo, debemos tener resignación.

**El sol...**
Cuando el sol se oculta de este lado del planeta tierra, somos arropados por una sombra o penumbra llamada oscuridad. Ni siquiera podemos ver a un centímetro de distancia, la luz de nuestros ojos se apaga totalmente.

Debido a la rotación de la tierra, existe el día y la noche. El día para laborar y la noche para descansar. El descanso forma parte de la vida. Si descansas lo suficiente en tu vida vivirás mejor.

**El delincuente...**
El que delinque, roba, mata se considera un ser de coraje, tanto es así que no piensa que todo lo que hace le acorta su existencia, ni siquiera piensa que a él también lo pueden matar en cualquier momento.

Se abalanza sobre el peligro poseído por el demonio con sus sentidos perturbados por la maldad. Comete infamias que lo llevan a su muerte, a veces comenzando a vivir su vida. Una juventud perdida en un mundo de drogadicción e inexperiencia.

**Entre la tierra y el universo…**
La distancia que existe entre la tierra y el universo es tan inmensa, inimaginablemente ningún ser humano ha podido, ni podrá nunca jamás, medir ni describir su distancia. Solo Dios creador del cielo y la tierra lo sabe. La inmensidad entre la tierra y el universo, es infinita.

**Tú forma de ser…**
Cada persona tiene su forma de ser, la persona justa hace las cosas de buena forma, bien hechas. Su comportamiento es intachable, es esa clase de persona que escucha y le gusta ser escuchado.

No habla incoherencias, ni dice cosas injustas, habla lo correcto, admira a las demás personas de su misma forma de ser, se regocija del buen comportamiento de los demás, se caracteriza por dar buenas sugerencias o consejos, es culto, bondadoso, posee una mente rica espiritualmente. Todo un ejemplo a seguir.

**Enseñanza…**

Es divertido enseñar a los niños jugando, compartiendo ideas con sentido social, por medio de poesías, cantos, y juegos. De esa forma los niños se sienten atraídos, una forma de aprendizaje especial y así se van enriqueciendo intelectualmente, despertando su sentido del saber en ellos. La mejor forma de enseñar a los niños es jugando.

**Edad…**

Hijo mío como ha pasado el tiempo, ya cumpliste quince años, ¿Recuerdas cuando estabas pequeño que alegre y sonriente te acostabas en la cama estirando tus piernecitas y me decías papa mira, cuando alcanzaré la orilla de la cama?

Fíjate como ha pasado el tiempo, ya puedes acostarte, estira tus pies, fíjate, ¿Te das cuenta? Ya el tamaño de tu cuerpo, el largo de tus pies, quedan casi por fuera de la cama. Pero para mí seguirás siendo ese niño mimado y querido por mamá y papá. Dios te bendiga hijo mío.

**Crecimiento…**

Cada año que pasa los niños van creciendo paulatinamente, así mismo van desarrollando sus sentidos y conocimientos con nuevos pensamientos, nuevas ideas y de esa forma crean su propia personalidad.

Desenvolviendo su habilidad sabia, comienzan a explorar con preguntas y respuestas, opiniones, su forma de expresión, su imaginación. Cada día tienen ansiedad por saber más. El aprendizaje enriquece la mente del adolescente.

**Mimado…**

Cuando los padres crían a su hijo mimado, les dan todo el gusto, le festejan todo, no los corrigen, no les enseñan buenos modales, resultan con hijos que se jactan tomando una actitud de mal comportamiento.

Todo lo tienen, nada les falta, crecen de una mala forma de ser, ya que lo que nada nos cuesta, nada nos importa. Adoptan una forma de ser indisciplinada y despilfarradora, crecen con esa mentalidad transformándose en seres irresponsables, inseríos.

Su mentalidad mal fundamentada los conlleva a escoger el mal camino. Padres enseñen buenos modales a sus hijos, es un bien para ellos.

**Acelerado…**

Hay personas aceleradas: ¡pásame eso!, ¡hazme esto!, ¡tráeme aquello rápido!, ¡Apúrate para que hagas esto!

No seas estresante y desconsiderado con los demás, con esa actitud lo que haces es enredar a quien mandas y enredarte tú. De una forma más adecuada puedes manejar la situación. Ten en cuenta que esa persona solo tiene dos manos y perturbando, tanto tú como él, su mente, terminan haciendo todo mal. No seas acelerado en la vida.

**Agalla…**

El que piensa solo en él es como la lagartija, vive con la agalla abierta, todo para él, traga y nunca se harta.

Mete las narices por encima de los demás, la avaricia lo ciega, la envidia lo domina, es deshonesto hasta con la familia, para él no existe la honestidad, ni la franqueza, vive un mundo de envida y rencor. No pienses solo en ti, también tienes derecho de pensar en los demás.

**Propósito…**

¿Cuál es el propósito en tu vida? Analiza y piensa, nacemos, nos criamos, no somos seres eternos aquí en la tierra, eso está claro, ¿entonces?, los bienes y riqueza que posees tampoco te van a hacer inmortal.

¿Porque no compartir con los demás?, ¿Por qué tienes que ser tan apegado al dinero? Aprende a compartir lo que posees con los más pobres, gestiona, haz obras sociales, para servir a los más necesitados.

Piensa que el día que partas de este mundo no te llevarás ni un solo centavo de lo que posees, tampoco te lo van a echar al cajón. No seas mezquino, cambia tu forma de pensar.

**Adolescente…**
Cuando el joven no vive su etapa de adolescencia a plenitud, le queda un vacío en su mente, que ya nunca podrá llenar en su vida. Por alguna razón fue cohibido de salir a compartir con sus amigos, ir a una fiesta, salir de paseo, o ir de discoteca. En todo ese tiempo de adolescencia, se le fue prohibida la libertad que es necesaria en esa etapa.

Cuando pasa la adolescencia y esa persona es adulta, trata de recuperar o desahogar ese tiempo no vivido, y aunque sea libre como el viento, ya no podrá llenar ese vacío y buscará desahogarlo en una forma diferente, quedándole ese resentimiento, del tiempo perdido en su adolescencia.

**Alza tu frente…**
Muchas veces uno en la vida se siente desmotivado, desorientado, ¿Qué hago?, ¿Qué será de mi vida?, ¡no encuentro una salida!, ten fe, alza tu frente al cielo.

Señor me siento confundido padre mío, dame tu ayuda, tú eres mi única esperanza, sin ti no soy nada, en ti confío en cuerpo y alma padre. Ayúdame, yo sé que en ti todo es posible, guía mi espíritu y mi alma para salir de este laberinto. No encuentro salida, pero en ti todo es posible. Amén.

**Hacia adelante…**

La escasez de dinero, la falta de oportunidades, la situación económica, no tener dinero en el bolsillo, los compromisos, situación que nos causa desespero.

El caos se apodera de nosotros, momentos difíciles por los cuales se pasa en la vida, emocionalmente nos sentimos con los ánimos por el suelo, sin ninguna salida. No fallezcas sigue adelante, ten fe y seguridad que existe una salida para seguir adelante.

**Entre padre e hijo…**

La relación entre padre e hijo no siempre es la mejor, ese hijo cuando crece, y no se le infundió la educación correcta, o sale de mala cabeza, es un problema constante.

Hace una cosa indebida, la otra, y los padres como el arquero: ¡tapando todo! Y el cometiendo fallas constantes. Evítate dolores de cabeza dándoles a tus hijos una buena crianza. Fundamenta al niño y forjarás un adulto responsable.

**Sabio…**

La trayectoria del sabio es producto de experiencias vividas en carne propia, experiencia obtenida a través del transcurrir de los años. Uno en el transcurrir de la vida pasa por toda clase de obstáculos, debes afrontarlos con decisión y valentía.

No te dejes sugestionar por adversidades que se te presenten, por muy difícil que sea el obstáculo míralo de frente, avanza hacia él, si tropiezas y caes, levántate, como fuerte que eres.

No te dejes vencer, véncelo tú a él, al derrotarlo te dejará el camino libre, tu seguirás triunfante hacia adelante. Así sucesivamente vencerás toda clase de obstáculos y cada obstáculo será una experiencia vivida, que te convertirá en un hombre vencedor y sabio.

**Mi padre…**

Mi padre me decía cuando era niño: hijo mío, aprende todo lo que te enseñé, toma a bien mis consejos, escucha esos consejos y llévalos de por vida en tu corazón, para cuando yo muera, te sirvan de mucho por mi experiencia vivida.

Aprende a hacer de todo, diferentes actividades y no quedarás sin trabajo nunca. Quien aprende a defenderse en la vida, siempre sigue hacia adelante sin tanta dificultad. Nunca actúes de mala fe, no hagas mal a nadie, tu comportamiento sea impecable.

Haz el bien y no preguntes a quien, sin ningún interés. No seas apegado a lo material, comparte con el prójimo. Honra siempre a padre, madre y esposa. A tus hijos enséñales estos consejos y reflexiones para una vida mejor.

**Emigrante…**
El emigrante no deja su terruño del alma porque quiera dejarlo, sino porque es obligado por alguna circunstancia ajena a sus ideales, puede ser por la situación económica o monetaria de su país, la falta de ingresos y oportunidades.

Circunstancias que lo obligan a lanzarse a una aventura incierta con la esperanza de que un día pueda alcanzar su objetivo, pasando las fronteras de ese destino y de esa forma poder forjar un mejor futuro para él y su familia.

Pero desgraciadamente, todos no corren con la misma suerte y mueren en esa travesía sin poder lograr sacar adelante su familia, una vida perdida. El emigrante merece una oportunidad digna, como ser humano que es.

**Los números…**
Cuando tu tomas los números y la matemática a pecho, aprendiéndote las reglas de ella, te das cuenta que es divertida, sumar, restar, multiplicar, dividir, etc.

Comenzando primero por lo básico y se va profundizando poco a poco en problemáticas complicadas que posee la matemática. Analiza el juego que entre números y números, algebra y trigonometría, si lo tomas por el lado amable, resolverás fácilmente muchos problemas en tu vida.

**Matoneo...**

El niño que le gusta pegarle al otro niño, siente placer al agredir, es una mala costumbre consentida a veces por sus padres. Al niño debe hacérsele entender que no debe agredir a nadie, forma parte de su educación en casa.

No permitamos el matoneo, ni en casa, parque y escuelas. Es un flagelo que nos agobia constantemente, y es el padre o profesor quienes deben corregir esos defectos en los niños. Hagamos campañas referentes al matoneo para un mejor comportamiento entre los niños.

**Casarse…**
No tomes decisiones apresuradas por caprichos de tu corazón. Tomar una decisión firme como la de casarte, hacer tu vida al lado de otra persona, sin saber sus condiciones o formas de ser, no es fácil.

Cuando existe una relación simple, todo es color de rosas, pero al convivir junto a esa persona es un cambio rotundo que existe entre la pareja.

Ya que tienen que compartir tantos momentos juntos, los cuales, si no hay una buena relación entre pareja, se vuelve monótono o por una u otra circunstancia, no hay entendimiento entre ellos y por eso, esa relación pude durar poco tiempo.

Lo mejor es tratar de darse un tiempo lo suficientemente largo, de dos o tres años, para decidir tener familia entre la pareja. Tener hijos sin planificar es un compromiso de por vida, y al existir una separación el más perjudicado es el niño. Conócete un poco más con tu pareja.

**Recreo...**
El niño que posee una forma de ser alegre, juguetón divertido, extrovertido, está bien y se le felicita, es una excelente forma de ser, pero cuando estés en clase tu comportamiento debe ser el mejor.

De tu disciplina depende el rendimiento académico. En el colegio, existen momentos para jugar, recochar y brincar, a este tiempo se le llama recreo.

Al entrar al salón de clase nuevamente debe guardarse la cordura y disciplina, para no convertirte en un estorbo para los demás compañeros, ya que, al estar con la indisciplina, ni estudias tú, ni dejas estudiar a tus compañeros. Se disciplinado en el colegio.

**Esposa...**
Cuando elijas tomar como esposa esa mujer que Dios puso en tu vida, como compañera amala, respétala, protégela y lo mismo la mujer, sé respetuosa con tu esposo, atendiéndolo como debe ser, compréndanse mutuamente unidos sacarán su relación hacia adelante.

Un hogar es una unión matrimonial que debe ser bendito, donde debe reinar el amor, la paz, la cordura, la alegría y compresión. El hogar es como un jardín que hay que regarlo constantemente para que el ambiente se mantenga fresco y puro como un manantial cristalino de agua bendecida por Dios.

**Subsistir…**

Para subsistir a diario debemos rodar las fichas del ajedrez, movilizarnos a trabajar en la oficina, la empresa, el negocio y de esa forma, conseguir el sustento diario para nuestro pan de cada día.

Es obtenido con el sudor de nuestra frente, el que sale a buscar el pan de cada día, lo encuentra, y así, soluciona día tras día sus necesidades. Mientras que el flojo prefiere pasarse el día encerrado sin hacer nada. Se diligente, no seas flojo. El ser flojo es aburrido.

**Incomprensible…**

¿Por qué somos tan incomprensibles? Si no hay nada, nos quejamos porque no hay, existe el pretexto de los escases. Sin embargo, cuando hay en abundancia no damos el valor necesario a lo obtenido, despilfarrando y malgastando lo alcanzado en cosas innecesarias.

Antes porque no había, ahora porque hay para gastarlo todo y sin pagar los compromisos, te quedas en la calle, dando falsas excusas sin ningún sentido. Seamos justos y claros en nuestro comportamiento.

**Vicio…**

No te dejes arrastrar por los vicios, es el camino más fácil que encontrarás. La perdición del adolecente comienza cuando prueba inocentemente alguna sustancia psicoactiva.

Abre la puerta a un mundo de vicio y perdición transformando su personalidad en un ser aislado, señalado y rechazado ante la sociedad. Su mente se consume volviéndose adicto a las drogas. No conlleves tu vida a un mundo de inmundicia y desasosiego.

Ese vicio te arrastrará, comiendo y durmiendo entre la basura, al indigente de la calle lo miran como rata de alcantarilla. Nunca permitas que alguien te brinde droga, no se te ocurra probarla jamás porque perderás tu alma.

**Derecho…**

Con que derecho un padre va a decirle a su hijo cuando ya sea adulto: hijo ayúdame estoy necesitado, me siento enfermo, no puedo trabajar, estoy agotado, cuento con tu ayuda.

¿Por qué tendría el hijo que hacerlo?, si nunca tuvo que ver con el cuándo lo necesitó, cuando nació ni siquiera estuvo presente, ni para comprarle su alimento, ni siquiera tuvo la intención de registrarlo, por eso no lleva su apellido.

No imagina cuantas noches de desvelo sufrió su madre cuando enfermaba, ella sola con sacrificio dio la crianza a ese hijo sin ninguna ayuda. Ahora con qué derecho vas a expresarle: ¡hijo ayúdame!, no tienes ningún derecho. Fuiste irresponsable con tu propio hijo.

**Cargo importante…**
Si ocupas un cargo importante, en la política o en una empresa, donde tengas el poder de mando, acuérdate de tus amistades más allegadas. Ayuda a esas personas que te dieron la mano alguna vez en tu vida, las cuales te colaboraron para alcanzar el estatus que tienes.

¡Tú no sabes!, el mundo da tantas vueltas, sirviendo a esa persona mañana más tarde él podrá extender su mano para ayudarte en cualquier circunstancia que tú necesites. No te hagas el desentendido, presta atención a las sugerencias de los demás. El servir a los demás, significa ser agradecido.

**Descuidado…**
No me explico porque tendemos a ser descuidados con nosotros mismos, asistimos al médico cuando ya nos sentimos mal, muy mal, no nos hacemos el control requerido por el medico a

tiempo, nos auto-medicamos, tomando uno y otro medicamento.

No asistimos a citas médicas, sacamos algunas excusas, casi nunca nos hacemos un chequeo general, poniendo en riesgo nuestro organismo y nuestra propia vida. Seamos más cuidadosos con nuestra salud. No seas descuidado contigo, ni con tu familia. Sé responsable.

**Protección...**
La única protección que tenemos para nuestra vida es andar encomendado a Dios. Andar encomendado a nuestro señor Jesucristo, Dios único del cielo y la tierra, es andar blindado, él nos libra de todo peligro. Vivamos espiritualmente con Dios en nuestro corazón, en nuestra alma. Nuestra seguridad espiritual es profundamente inmensa junto a Dios.

**Sueño de mi vida...**
Lo que deseamos para nuestros hijos es darle una buena formación, educarlos, enseñarles buenos principios, que sean disciplinados, responsables, humildes,

nobles, que vayan a una excelente universidad y lleguen a ser grandes profesionales en el campo escogido por ellos. Dios mío, dame salud y larga existencia para hacer realidad el sueño de mi vida. Amén.

**Pupilas…**

Las pupilas de los niños reflejan ternura, inocencia, brillan como luceritos al amanecer, inocentes creaturas que, al nacer, lloran de alegría dando gracias a Mama por haberlo traído al mundo.

Su madre llena de ternura sonríe con inmenso gozo. Besa a su progenie. Una lagrima brota de las pupilas del niño, deslizándose sobre las mejillas temblorosas de su madre sedada y dando gracias a Dios porque su hijo nació sano y salvo. Bienvenida sea una nueva vida al mundo.

**Solo Dios…**

Solo tu Dios mío podrías transformar este mundo para que no hubiese tanta guerra tanta muerte, tanto rencor y tanta desigualdad social. El hambre lastima a los seres más inocentes y vulnerables del planeta, son los que más sufren la inclemencia de la injusticia y la maldad. Solo tu señor, podrás transformar este mundo, ayúdanos.

**Derecho…**

La mujer tiene el mismo derecho que el hombre en la libertad de expresión. Sus ideas también merecen ser escuchadas ya que poseen los mismos derechos. La libre expresión debe ser universal, no debe ser cohibida por la parte masculina del hombre.

Todos como seres humanos tenemos derecho a opinar nuestras ideas personales, cada cabeza es un mundo y cada cual piensa diferente. También en el campo laboral no debe excluirse la participación de la mujer.

La mujer también tiene la capacidad intelectual para forjar nuevas ideas que ayuden a fortalecer el desarrollo de un país. La mujer es inteligente como el hombre, aquí y en cualquier parte del mundo. Valora su inteligencia.

**Todo bien…**
Verifica que todo quede bien hecho, la tarea, una cuenta, cualquier actividad que realices. Muchas veces se cree que ya todo está listo y quedo bien hecho, y no es así.

Si es una cuenta, por ejemplo, verifica, rectifica de nuevo, hasta dos o tres veces, para que estés seguro que si está bien. Quien no rectifica lo hecho, termina haciendo todo mal. Tenlo en cuenta.

**Machista…**
El ser machista perturba la relación entre pareja, debido a que el hombre de la casa se jacta, es decir: ¡soy el que todo lo puede!, es quien manda, quien habla con voz de trueno, sugestionando a su familia. Eso, lo hace sentir varonil y manda más de la casa.

Cambia tu forma de pensar, no es como tú crees. Si ellos cometen errores, como seres humanos, tú también los cometes, y acepta que no siempre tienes la razón. Eso te hará mejorar la relación entre tú y tu familia. Corregir nuestros errores es importante para corregir a los demás, porque no solo tú tienes la razón.

**Tareas…**

No te habitúes a hacer las tareas en la calculadora, ella está programada, posee una memoria inteligente, si la utilizas, quien hace las tareas es ella, no tú, quedas bien con tu profesor, pero tú aprendizaje es ninguno.

Piensa y soluciona con tu cabeza los problemas de las tareas, vale la pena, estas adquiriendo el aprendizaje necesario que mereces. El alumno inteligente es aquel que investiga, y hace sus tareas de forma adecuada.

**Perfección…**

Ningún hogar es perfecto, siempre van a existir diferencias entre parejas, por una causa o la otra, cada persona tiene su forma de ser, de pensar. La estabilidad de un hogar es la comprensión, y los hijos, ya que por ellos debemos tratar de comprendernos unos con otros. El comprenderse es lo mejor para todos. Todo problema tiene solución, búscalo de una buena forma.

**Viejo amigo…**
Cuando uno se encuentra con un viejo amigo después de años sin verse, se siente una alegría inmensa, choca su mano, se abraza con él. Al departir con esa persona, recuerda viejas experiencias o anécdotas que pasaron juntos.

Un verdadero amigo es como un hermano, tanto, que muchas veces las personas se entienden mejor con un buen amigo, antes que con la propia familia. Un verdadero amigo es difícil de encontrar.

**Ausencia…**
Si el amor de tu vida se ausenta por algún motivo, se separan, o se acaba el amor, resígnate con ella y sigue tu vida. Proyéctate, busca nuevos horizontes, tampoco te quedarás solo, tarde o temprano encontrarás otra persona, que te valore, te respete y te ame.

Reestablece tu estado emocional, no se puede vivir sin amor, el amor forma parte de nuestra vida. ¡Adiós amor!, ¡Bienvenido sea un nuevo amor!

**Maltrato…**

No maltrates con hechos ni con palabras a nadie, se precavido, evita toda clase de indiferencias, apacigua tu temperamento, tu forma de ser.

De ese modo alejaras el mal comportamiento. Las rencillas, pleitos y peleas, solo permiten meternos en problemas, es mejor vivir una vida sana. Evita a toda costa enredos perjudiciales.

**De viaje…**

Cuando regreses de viaje llévale algo a tu familia, cualquier detalle, por insignificante que sea, alegra al ser querido. Nunca llegues triste, llega sonriente, que se te note la alegría.

El ser querido siempre siente alegría al ver llegar a ese familiar, si llegas triste, apagarás la alegría del ser que te espera. Encomiéndate a Dios, al salir a la calle o al irte de viaje. Tenlo siempre presente

**Diversión…**
Al niño le hace falta la diversión, el fin de semana llévalo al parque, al centro comercial, donde ellos quieran ir. El entorno familiar, el estudio, las tareas diarias, los estresa.

Al sacarlos de paseo, se sentirán felices y des estresados. Son momentos de esparcimiento que ellos aprovechan a lo máximo y lo hace sentir felices. Aprovecha el tiempo con ellos.

**Rebelde…**
Si el niño es demasiado rebelde, sobrellévalo, no te estreses, porque lo haces estresar también a él. Déjalo un ratito, de dos o tres minutos, y ya tú desairado, acércate nuevamente a él, con una actitud diferente, de suaves palabras. Con serenidad y buen trato se doma el niño rebelde.

**Orad…**
Orad a Dios cada día de tu existencia, clamad su santo nombre, de una forma segura y piadosa, sin intervención alguna, orad al único rey verdadero del cielo y la tierra, Dios sagrado y

poderoso. Que tu mente no sea poseída por ningún ser diferente.

Pídele y él te dará la sapiencia para que esa oración sea única y exclusivamente para él. Dios mío límpiame en cuerpo y alma, ayúdame a que mi oración sea para ti padre celestial. Bendito seas para glorificarte solo a ti padre Dios mío. Amen.

**Las Aves…**

Escucha por las mañanas el trinar de las aves, que con sus alegres cantos melodiosos dan gracias a Dios por ese hermoso día que comienza. La brisa fresca mueve sus hermosos plumajes y alzando su vuelo sobre ella, con alegría desbordante, expresan sus hermosas melodías.

También nosotros cantemos a Dios con entusiasmo, con alegría, como lo hacen las aves. Eso le agrada a nuestro Señor, cantadle.

**Obediente…**

El ser obediente es una virtud. La persona obediente escucha, se deja guiar, es dócil, hace las cosas como son.

Mientras que aquel desobediente, no hace caso, prefiere alejarse o salir con groserías a los demás, dice malas palabras, posee una forma de ser rencorosa y no sigue el consejo de nadie, hace su vida como desea. Al ser obediente se te abrirán las puertas y al ser desobediente se te cerrarán tus caminos.

**Observador…**

El que mira y calla es reservado, culto, evita meterse en problemas, no comparte odios o rencillas y de esa forma, se aísla de toda clase de problemas.

Mientras que el que no es reservado, le fascina el bochinche, el lleva y trae, no evita, tiende siempre a andar metido en problemas. Evitas toda clase de problemas al observar y callar, es la mejor forma de ser.

**Hidratarse...**
Consumiendo mucha agua durante el día, te mantienes hidratado. Es la mejor forma de mantener el organismo bien. En lugar de consumir productos a base de químicos, mejor es consumir mucha agua.

Los productos o los jugos naturales, son interesantes también para consumirlos, pero entre todos los líquidos que puedan existir, el agua es lo mejor. Consume agua en lugar de productos envasados.

**Mala gana...**
Nunca hagas nada de mala gana, haz tus actividades con alegría, con entusiasmo, regocijado por lo que haces, eso te hará sentir una persona feliz y te favorecerá para seguir adelante.

De esa forma todo marchará bien. Vive con alegría, levántate con una sonrisa en tus labios, eso hará que te sientas armonioso contigo mismo y a los demás. Es una forma dichosa de ser. Vive tu vida feliz.

**Apariencia…**

No debemos vivir de apariencia, vivamos la realidad de la vida. Existen personas que aparentan ser millonarios o felices y no lo son. El aparentar es engañarse uno mismo, nada ganas con ser así, demuestras lo que no eres, lo que no tienes. De esa forma aparentas la falsedad. Quien es falso se engaña a sí mismo. No seas aparentador.

**Afirmación…**

Esas excusas que tú fuiste o que me lo dijeron, o que me lo imagino, son idioteces del ser inseguro. Esa persona se transforma en alguien calumniador. Tome decisión propia, afirme lo que tenga que decir, con claridad y decisión propia. No se acostumbre a andar con titubeos. Afirme lo que este seguro que sabe, de lo contrario, mejor no diga nada.

**La muerte…**

La muerte es una realidad entre nosotros, es el momento en que el espíritu sale del cuerpo, el alma se apaga. Es como un sueño profundo sin regreso, donde, ese ser se transforma solo en recuerdos y añoranzas de un ayer. Se consciente que somos seres que nacemos, crecemos, nos reproducimos y morimos. Ten resignación sobre la muerte.

**Preocupación…**

Las personas se preocupan por el envejecimiento. ¿Porque te preocupas? Es una dicha llegar a viejo. Vivir gran parte de nuestra existencia es ganancia. Dichoso el ser humano que llega a la vejez, ya que lo mucho que puede vivir un ser humano actualmente es de ochenta a noventa años.

Es tierno cuando el ser envejece convirtiéndose como el ser inocente cuando nació. Su comportamiento vuelve a ser como el de un niño. Quien cuida su vida, podrá llegar a la vejez.

**Cambia…**

El que vive triste, afligido, amargado, nunca llega a ser feliz. Porque mantiene su corazón arrugado, es de mente fría, el sentido de la alegría lo posee apagado. Es como si su espíritu le fuese infiel, negándole esa buena forma de ser feliz. Sonríe, alégrate de la vida, ríete de ti mismo, se chusco, jocoso, descomplicado. Cambia esa forma de ser aburrida que tienes.

**Tranquilidad…**

La tranquilidad y riqueza espiritual no se consigue con ninguna plata del mundo. La riqueza espiritual es concedida por Dios. Es vivir de una forma armoniosa, como una melodía, sublime como las montañas y fresca como la lluvia.

La tranquilidad espiritual es vivir una vida romántica como la guitarra y esplendorosa como la luz del sol al nacer el día. ¡La tranquilidad espiritual es tu felicidad!

**Espontaneo…**

Cuando llegas espontáneamente y expresas esa hermosa forma tuya de ser, irradias a los demás esa energía de felicidad que posees. Si expresas palabras con alegría a los demás, contagia de la misma, hasta el que te escucha de lejos.

La alegría es una energía que se transmite como por arte de magia, lleva tu alegría a todo el que te escucha. Es una forma admirable de ser.

**Impresión…**

Llévate una buena impresión del que te dé un buen consejo. Ese consejo te hará ver lo malo y te orienta para que hagas lo bueno que debas hacer. Escucha con atención los consejos y sugerencia que te hagan es poro tú bien, para ti.

Rara persona da un buen consejo hoy en día. Para esa persona, tomarse la molestia para darte un buen consejo es interesante, no lo desaproveches, puede cambiar tu vida. Una orientación de buena fe puede ayudarte a llegar a la cima. Agradece un buen consejo.

**La puerta…**

Si el amor te toca a la puerta, ábrele tu corazón, tu alma, llénate de él. El amor es el sentir del alma. La pasión brota por nuestros poros, como la miel brota del panal, sustanciosa y dulce.

La fragancia del amor es puro como el olor de las flores, suaves como las algas, divino como el paraíso. Del amor nacemos y hacia el amor vamos, buscando desahogar a plenitud el deseo fraterno de nuestra alma. Sin amor no se puede vivir.

**Recuerdos…**

Los recuerdos fueron momentos, épocas vividas anteriormente. Momentos tristes, momentos alegres, pasan por nuestra mente, quedando impregnado como figura tallada en piedra Maya.

Recuerdos que ni el tiempo ha podido borrar en nosotros. En vez de recordar momentos tristes, deberíamos mejor recordar esos momentos dichosos que nos llenen el alma de alegría.

Los momentos tristes no deberían recordarse nunca, forma parte del pasado que nos entristece el alma en el presente. Ayer fue el pasado, mejor vivamos el presente compartiendo con los seres queridos.

**Disfruta...**

Disfruta de tus hijos cada día, cada momento, comparte con ellos ahora que están pequeños, porque a medida que van creciendo, se van alejando. Hoy los abrazas, los mimas entre tus brazos, mañana ya no podrás hacerlo.

Se crecen como el árbol que al levantar su tallo su fruto se vuelve inalcanzable. La ternura de nosotros hacia nuestros hijos es algo sentido y puro que no hay como describirlo, solo sentirlo con una caricia, con un beso. Dios mío bendice nuestros hijos.

**Extrovertido...**

Se extrovertido, vive tu vida feliz, canta, ríe, chifla. El que vive feliz es dichoso de su existencia. La felicidad es lo más hermoso, relaja el alma, desestresa el cuerpo. Quien vive feliz lleva una vida liviana, llena de prosperidad y alegría. Al ser alegre ni los problemas lo agobian. La felicidad es única. No le cierres la puerta.

**Temor…**
Cuando tengas alguna pesadilla o sientas algún temor, de pensamiento malo, reprende esa energía negativa que quiere apoderarse de ti. Ora a Dios para que aleje esa mala energía de tu ser. Reprendiendo la mala energía nunca te sucederá nada malo. Dios mío aparta de mí todo lo malo.

**Éxito…**
El éxito es maravilloso, brilla como las estrellas, resplandece como el sol, es la esmeralda, el diamante del que alcanza el triunfo. Los grandes triunfadores en la historia, no alcanzaron su éxito sin batallar.

Todo tiene un costo en nuestras vidas, debemos ponernos retos en nuestra vida para alcanzar logros interesantes y formar parte de la historia. Alcanzar el éxito es con actitud y perseverancia, reto de gente incansable y valiente. Anímate a seguir adelante, alcanza el éxito.

**Expresar…**

Observa bien como te expresas, con una mala expresión puedes ofender a alguien, a veces cometemos errores inconscientes. Con una palabra mal expresada podríamos hacer sentir mal a otra persona y al darnos cuenta de nuestro error, también nos sentiremos incomodos, sin vacilar debemos pedir disculpa o perdón. De esa forma corriges tu equivocación y esa otra persona ofendida te disculpa y vuelve todo a la normalidad. Observa como hablas, está atento a tu vocablo.

**El tiempo…**

Si no has alcanzado tus objetivos, ha pasado el tiempo, no te des por vencido. A veces cuando uno piensa que el éxito es inalcanzable puede estar a la vuelta de la esquina. No te aflijas por el objetivo no alcanzado, de pronto Dios tenga para ti algo mejor.

La esperanza es lo último que se pierde, y que la esperanza se pierda cuando muera el alma. Ten fe, el universo gira a tu favor.

**Aprendizaje…**

Uno nunca termina de aprender en la vida, cada día se aprende algo nuevo. Nunca expreses todo lo sé, que al final no sabes nada. Existen conocimientos infinitos y por eso nadie puede jactarse de que todo lo sabe. El que todo lo sabe, al final, no sabe nada. El sabio nunca se jacta en decir que todo lo sabe, su trayectoria habla por él.

**Si puedo…**

La persona que expresa: ¡Yo puedo!, ¡Tengo el valor para hacerlo!, ¡Nunca lo he hecho, pero estoy seguro que lo aprendo a hacer!, es la actitud de la persona acomedida y trabajadora.

Aunque no sepa hacer esa labor, se le ve el deseo de hacerla sin ninguna excusa. Es el trabajador servicial dispuesto a hacer bien a su jefe. Se acomedido a lo que tengas que hacer, si no sabes, aprende a hacerlo.

**Mesura…**

Cuando vives desmesuradamente, pierdes el control de tus actos, te embriagas, no sabes lo que haces, tu comportamiento al compartir es pésimo, grosero.

Retoma tu control, piensa: ¡si esto me hace comportarme mal, no debo consumirlo más!, debo ser más prevenido conmigo para no quedar mal con los demás. Si puedo asistir a una reunión social sin consumir ninguna clase de sustancia embriagante. He decidido cambiar mi comportamiento, debo cuidar mi reputación y así, mejorar mi personalidad.

**Actividad...**

Enfócate en actividades productivas, no desperdicies tu tiempo en vagancia, ocupa tu mente, en lo interesante, hay cosas productivas por hacer. Tu cerebro es un manantial de buenas ideas, un diamante en bruto sin explotar, tus capacidades son únicas, eres intelectualmente una persona inteligente.

¡Desata esa sabiduría que posees y que aún no has descubierto en ti!, ¡Escudriña tu mente! Y te darás cuenta, que tienes un don inimaginable que explorar. Explota tus habilidades.

**Quehaceres…**

Has tus quehaceres personalmente, no te a tengas a nadie y te evitaras disgustos y contratiempos. Si te equivocas, corriges, si te enredas, te desenredas.

No debemos atenernos a nadie en esta vida, programa tu mente, haz lo que tengas que hacer. Atenerte a los demás te hace perder el tiempo. ¿Quién podría hacer las cosas mejor hechas que tú mismo?

**Riquezas…**

No avaricies riqueza ajena, cuenta con lo tuyo. El desear riqueza ajena, es enfrascarte en los malos pensamientos. Lo ajeno es ajeno, lo tuyo consíguelo por tu propia cuenta. Brega, busca la forma de cómo mejorar tus ingresos.

Si hasta hoy no se te han dado los resultados deseados, ten fe que pronto los obtendrás. El dinero es un papel para cubrir necesidades, que, sin él, desgraciadamente sentimos que no valemos nada. Pero obtenerlo de mala procedencia no es bueno. Cuenta con lo que has trabajado honestamente, eso es lo tuyo.

**Inteligente…**

El que es inteligente analiza, observa, comprende todo desde cierto punto de vista, casi siempre sin que nadie se dé cuenta de lo analizado y de esa forma, deduce las actitudes incorrectas entre las personas.

Dándose cuenta de la indiferencia entre unos y otros. El inteligente es analista profesional, tiende a poseer actitud psicológica sin haber estudiado psicología. La inteligencia es un don de Dios.

**Perfecto…**

El tiempo de Dios es perfecto, los designios de la biblia se cumplen, ya lo comenzamos a notar, los siglos se convertirán en años, los años se convertirán en meses, los meses se convertirán en días, los días en horas, las horas en minutos, y los minutos en segundos, es una realidad designio del libro sagrado de Dios.

**No te fijes…**

No te fijes de las personas en como caminan, ríen o se vistan. Observa mejor su forma de expresión, palabras sabias que salen de sus labios, las cuales te llenan de esperanza y alegría el corazón. Mira la buena forma de ser de las personas. Cada quien tiene su forma de ser, de expresarse. De la forma como te expreses tú, también se expresarán los demás de ti.

**Imprudencia…**

Sin conocer a una persona preguntas: ¿Cómo te llamas?, ¿Qué haces?, ¿De dónde vienes?, ¿Para dónde vas? Esas preguntas no deben hacerse todas al mismo tiempo al desconocido. Conversando poco a poco puedes ir expresándolas, interactuando con él. A medida que tú le preguntas, él te va respondiendo y de esa forma, no quedas como imprudente y obtienes una nueva amistad. No seas imprudente.

**El camino...**

Conduce tu vida por caminos angostos, los atajos y caminos anchos son peligrosos, te conducen fácilmente a la perdición. Los caminos amplios son frecuentados por personas de la vida fácil. No frecuentes caminos espaciosos, busca el camino angosto que te conduce a senda segura de prosperidad.

Es más fácil caminar por el camino amplio, pero ten en cuenta que el camino angosto es seguro. El camino amplio es oscuro y tenebroso, el camino angosto es luz y esperanza.

**El poder de Dios...**

El poder de nuestro Dios nos ha dado el conocimiento necesario para saber que él existe entre nosotros. Entre el cielo y la tierra hay un solo Dios verdadero, bondadoso y misericordioso, el cual debemos alabar y glorificar su santo nombre y encomendarnos a diario a él. Dios todopoderoso sea para con nosotros. Amen.

**Cuidemos la vida…**

La vida no es para llevarla de la forma que queramos. Nuestra vida debemos saberla sobrellevar, con disciplina, buen comportamiento. Nuestra vida es solo una. De tus propios actos dependerá tu vida. La vida es el regalo más grande que nos ha dado nuestro Dios. Cuidemos nuestra vida.

**Parábolas…**

Nuestro señor Jesucristo habló en parábolas. El buen lector, al leer el libro sagrado, podrá entender fácilmente el significado de sus mensajes bíblicos y las buenas instrucciones de él para con nosotros.

Escudriñemos la biblia, en ella encontraremos todos esos buenos consejos y enseñanzas que Dios nos da, las cuales nos hacen formar personas creyentes y misericordiosas, llenas de gozo espiritual por obra de sabios mensajes de nuestro Dios todopoderoso.

**Salvación...**

Pensar que la salvación espiritual del alma humana es individual, el comportamiento de cada persona es diferente. Debemos tener claro que nuestro comportamiento debe ser piadoso y devoto. La salvación se puede ganar por el comportamiento de cada ser en el transcurrir de su existencia. Busca un buen proceder para alcanzar la salvación de tu alma.

**Corregir...**

Ese ser que te regaña, que te castiga, es por tu bien. Te hace ver lo bueno y lo malo, es quien corrige tu formación. Entiéndelo, compréndelo, es un esfuerzo grande que hace, para convertirte en un buen ser.

Obedécele, recibe con amor sus consejos, no lo defraudes jamás. Todo lo que somos se lo debemos a nuestros padres. Todo lo que hacen por ti es para que seas una mejor persona en el mañana. Acepta su corrección.

**Sinceridad…**
La persona noble y sincera, refleja en su mirada, en sus palabras, la expresión del buen ser. La buena persona al mirarle a los ojos y al escuchar sus palabras, irradia la energía de un buen proceder en su forma de ser. Una buena persona es un buen ejemplo a seguir. Ten una personalidad sincera y noble.

**Obsequio…**
El obsequio más insignificante llena el corazón de alegría, siempre y cuando haya sido regalado con mucho amor. El ser detallista es interesante en el amor. La persona detallista tiende a conservar el amor de su vida. Se detallista con tu pareja.

**Dedícate…**
Dedícate a tus estudios, es lo mejor que puedes hacer, es la mejor herencia que pueden dejarte tus padres. Esfuérzate, trata de sacar las mejores notas. No te descuides, que todo lo que ellos hacen por ti, es con esfuerzo.

Un padre se desvive por darle la mejor educación a su hijo. Desvívete tú también para darles una satisfacción a ellos. No desperdicies el tiempo, aprovéchalo en tus estudios. El aprendizaje es lo más interesante para tu vida, aprovéchalo ahora que lo tienes, será un cambio para tu vida futura.

**Mal…**

No desees mal a nadie y mucho menos a quien te lo desee a ti. Siempre desea el bien. La persona que desea el mal, vive mal. El desear el bien es prosperidad, tanto para uno como para la otra persona. Es mejor desear el bien que desear mal.

Al desear el mal irradias mala energía, tanto al que se lo deseas como a ti mismo. Mientras que al desear el bien te llenas de energía positiva en tu vida. No desees mal a nadie.

**La cima…**

Con perseverancia y fe alcanzarás la cima. Con amor, humildad y convivencia transformaremos el mundo. Hijo ve, haz tu propia historia, que a favor tuyo Dios gira el universo. Que seas acompañado siempre por Dios.

**Responsable...**

Debemos ser responsables con nosotros mismos respecto a nuestra vida sexual. Seamos precavidos, tanto el hombre como la mujer. Existen métodos de planificación y prevención familiar.

También hay métodos de prevención sobre las enfermedades sexuales. Es tu responsabilidad, cuídate. De tu planificación personal depende tu futuro, se responsable contigo mismo y con tu familia.

**Culto...**

Educa tu vocabulario, se culto, las palabras groseras se te escuchan mal. El que te escucha puede opinar de ti: ¡esa persona es bruta, baja!, ¡No tiene educación! El expresar mal las palabras, es una mala forma de proceder, dañas tu reputación. Corrige ese mal vocablo que tienes para que seas una persona agradable.

**Eclipse...**
Existió una vez en la tierra un eclipse a pleno medio día el sol se oscureció, la penumbra de la noche calló sobre la tierra, los gallos cantaron, el clima se estremeció, los seres humanos sentimos pánico, quedamos perplejos unos con otros. La grandeza de Dios reflejo su inmenso poder sobre la faz de la tierra. Así es el inmenso poder de Dios.

**Literatura...**
Enamórate de la literatura. El leer ilustra la mente del ser humano, llena nuestra alma de sabiduría. Leerte un libro puede cambiar tu forma de ser, tu vida. Cada libro posee un mundo de maravillas, los cuales direccionarán tu vida a nuevos horizontes.

Lee todo lo que sea necesario, es interesante. Consejos y reflexiones para una mejor vida te brinda un aprendizaje para una mejor forma de ser. Regala un libro, es el mejor obsequio que puedas hacer.

**Tu ser…**

No busque a Dios en el cielo, él está dentro de ti. Allí, dentro de tu corazón, de tu alma, de tu ser. Dios es alegría, prosperidad, abundancia. Cuando se piensa positivo sobre las cosas buenas.

Dios llena nuestra alma de sabiduría, nos guía por qué sendero debemos andar, nos libra de todo peligro y nos forma seres dignos de una buena personalidad. Andar con Dios es lo más hermoso en nuestra vida. Confía en él y llevaras una mejor vida.

**Triste…**

Cuando notes a alguien desanimado y triste, aconséjalo, dale una voz de aliento, bríndale tu confianza. No sigas la corriente en su tristeza o problema por el cual está pasando.

Una voz de aliento puede sacarte del laberinto en el cual te encuentras, hazle entender que todo tiene solución menos la muerte y que sacando ese problema de su mente, puede seguir adelante. El mundo no acaba, continua y no debe amargar su vida por problemas simples.

**Telaraña...**

Has hoy lo que este a tu alcance, no trates de abarcar todo al mismo tiempo. Si comienzas a hacer algo y no lo terminas, si no que comienzas otra actividad y tampoco la culminas, sucesivamente vas dejando las cosas a medias, vas tejiendo como una araña tu vida de forma irresponsable.

Te enredas fácilmente quedando mal contigo y haciendo quedar mal a los demás. Si no vas a hacer algo bien, mejor exprésale, no puedo hacerlo, estoy ocupado, no tengo tiempo, en otra oportunidad lo hago. Haz lo que alcances a hacer, pero no quedes mal con los demás. Se responsable

**Carácter...**

No te juntes con personas de malas costumbres, si eres un buen ser no te dejes influenciar por ellos. Te ofrecen conseguir dinero fácilmente, solo con eso te meterás en problemas. Juntarse con el drogadicto y el delincuente, es meterse por el mal camino.

Esquiva todo mal ofrecimiento que te hagan, no permitas que te convenzan. Ten tu carácter firme y fuerte para poder defenderte de la mala influencia, de lo contrario caerás en la trampa, tomando el camino de la perdición.

**Palabras de una madre…**
Queridos hijos míos, en mi vida forman parte de mi corazón. Mi más anhelado deseo es que sean felices, cada momento de sus vidas y disfruten al máximo mi amor de madre en familia.

Me siento orgulloso de ustedes, pido a dios lluvia de bendiciones para ustedes para que les pueda ir bien en la vida y alcanzar sus metas propuestas. Dios me los colme de bendiciones hijos míos y me los acompañe siempre. Amen.

**Enseñanza…**
El hombre, la vida, el amor, la paciencia, los valores, los triunfos, los negocios, las

preocupaciones e incluso los errores, todos ellos, tienen un concepto que deberás aprender mientras caminas por este mundo.

Aplica durante cada día del año un consejo aportado para mejorar tu ser y reflexiona sobre las ideas planteadas para una vida mejor.

Consejos y Reflexiones para una mejor vida
TOMO I

Printed by Books on Demand GmbH, Norderstedt / Germany